UNE RÉPONSE

AU

COMITÉ SÉNATORIAL DES DROITES

UNE RÉPONSE

AU

COMITÉ SÉNATORIAL DES DROITES

PAR

Achille MORISSEAU

ÉPIGRAPHE

« Une vérité politique est une dette
» d'honneur, une dette criarde, il
» faut l'acquitter à tout prix. »

(Page 16 de la brochure.)

Prix : 50 centimes

PARIS
LIBRAIRIE DENTU
4, PALAIS-ROYAL, GALERIE D'ORLÉANS, 4
—
1879

UNE RÉPONSE

AU COMITÉ SÉNATORIAL DES DROITES [1]

ÉPIGRAPHE

« Une vérité politique est
une dette d'honneur, une
dette criarde qu'il faut acquitter à tout prix. »

Page 16 de la brochure.

MESSIEURS,

Quand des hommes considérables font appel à votre patriotisme pour les seconder dans une œuvre qu'ils jugent utile, motiver son refus est plus qu'une convenance, c'est un devoir. C'est ce devoir que je viens remplir.

Oui, le Comité a raison : « Il importe de maintenir au sénat une majorité conservatrice. » Assurément l'importance en est incontestable. Mais d'abord cette majorité existe-t-elle? Qui oserait l'affirmer? Je ne vois, au sénat, qu'un accord ambulatoire, une balance dont le fléau — je dis bien le fléau — oscille de droite à gauche, au souffle d'un intérêt personnel, d'une intrigue, d'une ambition, ou de la peur. Oui de la peur, car, chez la nation la plus brave et la plus spirituelle de la terre, il n'y a rien de plus dominant que la peur, si ce n'est la bêtise ; le temps n'est

---

(1) Adressée à ce comité dans le courant d'octobre.

plus aux ménagements et aux euphémismes.

Il ne s'agit donc pas de maintenir une majorité, mais de la créer, et je demande au Comité quels sont ses moyens?

A-t-il à sa disposition des ressources supérieures à celles des ministres du 16 mai ? A-t-il des plans et des résolutions plus énergiques ? J'en accueillerais l'assurance avec joie et je m'y associerais pécuniairement et personnellement de toutes mes forces, mais je ne les devine pas.

A-t-on trouvé le secret de convertir le suffrage universel, ou plutôt de le supprimer, (1) car c'est *l'unique remède* ? Toute modification serait aujourd'hui insuffisante, et j'ai entendu un haut fonctionnaire, fort éclairé sur la statistique électorale, déclarer que, même avec la loi du 31 mai, qui éliminait deux ou trois millions d'électeurs, le succès des conservateurs serait encore douteux.

« On ne peut pas toucher au suffrage universel; « la République est ce qui nous divise le moins ; « la restauration est impossible. » Voilà trois clichés passés en aphorismes que la foule hébétée ne discute plus. Fétichisme lamentable ! Il suffirait de marcher sur ces fantômes pour qu'ils s'évanouissent. Mais la Révolution pèse si lourdement sur notre infortuné pays, elle l'a aplati à ce point qu'il ne sait plus lever la tête.

---

(1) J'entends dans sa forme et son application actuelles. Quant au principe je l'admets, sous la réserve exprimée par M. le comte de Chambord : le suffrage universel « *honnêtement pratiqué.* »

Il est de malheureuses créatures tombées au pouvoir d'hommes indignes qui les outragent, les foulent aux pieds et vivent d'elles. Telle est la terreur qui les domine, qu'elles grimacent un sourire comme acquiescement à leur servitude. La France serait-elle descendue à cet état d'abais-sement ? Non, c'est impossible, mais le temps presse et l'heure est solennelle. Qu'elle rompe donc un silence qui la calomnie pour appeler une forte main qui la relève et plonge le fer rouge dans la plaie gangrenée qui la dévore.

Non, l'entreprise du Comité ne va pas jusqu'à tenter une suppression déclarée impossible par les *bravi* révolutionnaires et leur imbécile écho, le camp des pusillanimes.

Eh bien ! c'est aller à une défaite certaine. On se prépare la risible chute du chevalier de la Manche, brandissant sa lance, *telum imbelle*, contre les ailes gigantesques du moulin à vent.

A-t-on oublié l'immense éclat de rire soulevé par l'équipée du 16 mai, du 16 mai infidèle à son programme, car, s'il l'eût virilement exécuté, il y a longtemps que les beaux rieurs auraient fini de rire ? C'est dans les coups de force que du sublime au ridicule il n'y a qu'un pas.

Est-ce à des hommes politiques qu'il faut rappeler la néfaste puissance du suffrage universel ?

A-t-on oublié cette déclaration itérativement exprimée, de bouche et de plume, par le citoyen

Louis Blanc : « *Le suffrage universel, c'est l'avè-
nement certain du socialisme, et à bref délai.* »

Et ces paroles non moins fatidiques lancées,
comme un défi, à la face des conservateurs :

« Vous avez le pouvoir, vous avez l'argent,
« vous avez l'expérience des hommes et des
« choses, vous avez l'armée, le clergé, la ma-
« gistrature, vous avez tout cela pour vous, mais
« vous n'avez pas le suffrage universel ; conclu-
« sion : vous n'avez rien. » Qui a dit cela, en
pleine tribune, en plein 16 mai ? Le citoyen
Gambetta. Sûr de votre inertie, il ne craignait
pas de vous révéler le secret de sa force et
de votre impuissance ; il vous bravait, il vous
brave et se rit de vos puérils efforts.

Comment rester sourd à de pareils avertisse-
ments ? Eclairé par eux et par des épreuves
quotidiennes, comment s'obstine-t-on à gouverner
avec une législation hostile à tout gouvernement ?

Les vétérans des barricades qui ont fait ces
lois, fautrices du désordre, rient dans leur
vieille barbe de ces politiciens bonasses qui se
prosternent devant une légalité meurtrière,
comme, naguère, le musulman devant le lacet
de ses bourreaux. Le musulman a relevé la tête,
mais le conservateur, lui, reste prosterné. Conservateur ! Quelle dénomination dérisoire ! Fi-
gurez-vous les conservateurs de la bibliothèque
Royale livrant à un public pillard les trésors
confiés à leur garde !

On parle des crimes de Napoléon III, c'est injuste. Il n'en a commis qu'un seul, mais qui suffit pour rendre sa mémoire exécrable. Son crime c'est d'avoir, exploitant un nom légendaire au point d'en anéantir le prestige, fait d'un instrument de révolution un instrument de règne, et masqué sous une autorité éphémère une anarchie durable.

Comme si ce n'était pas assez de cette force irrésistible du nombre, de ces masses profondes marchant, sur un mot d'ordre, à l'assaut de la société, les conservateurs ont dans leur sein les causes de défaite les plus inattendues. N'a-t-on pas vu leurs chefs les plus illustres, le général Changarnier et Mgr Dupanloup. (Hélas ! nous sommes réduits à les pleurer tous deux !) voter pour le compétiteur de M. Chesnelong, catholique et royaliste résolu, pour M. Dufaure ? Le général disait qu'il ne pouvait refuser sa voix au candidat de son compagnon d'armes Mac Mahon (!); Mgr Dupanloup : qu'un évêque ne pouvait refuser la sienne au Ministre des cultes.—Or, ce ministre des cultes devait bientôt servir la République athée et non pas athénienne du président *in partibus*, du citoyen Gambetta. Est-ce que les radicaux commettent jamais de pareilles fautes ? Le succès n'est pas à ceux qui jettent un passager éclat, mais à ceux qui ne font pas de faute.

La Révolution ne vit que par l'audace et l'imposture. Les républicains vont criant à tue-tête :

« La France est à nous, » et ils s'en emparent. Ils rappellent le saltimbanque Bilboquet avec la malle égarée dans l'auberge. « Elle doit être à nous, dit-il, elle est à nous, » et il l'emporte. Mais cette malle *égarée*, qui est la France, tout Français a droit de la réclamer et de l'arracher aux mains des saltimbanques.

Qu'espérer d'un parti qui, naguère, majorité imposante, s'est laissé escamoter sous les gobelets de M.Thiers, pour en sortir à l'état de minorité infime ; d'un parti qui porte et garde dans ses flancs les éléments d'une inévitable défaite : d'un côté les bonapartistes, persistant, malgré le démenti donné, coup sur coup, à leurs espérances plébiscitaires par les scrutins de 1876 et 1877, à faire du suffrage universel leur *credo* ou plutôt leur *rengaine* politique ; car ce ne peut plus être une croyance ; d'autre part, les constitutionnels, ces nouveaux girondins avec la foi et l'éloquence en moins, l'intrigue en plus, et en perspective, leur sort final et mérité ; jongleurs maladroits ratant tous leurs tours de passe-passe, et se prenant les doigts dans leur sac à malice ; plagiaires de l'ambitieux qui déguisait ses visées conspiratrices sous cette formule : « Le roi règne et ne gouverne pas », en d'autres termes : « Le roi règne et M. Thiers gouverne » ; voltigeurs de Lafayette, rêvant « la meilleure des Républiques, » tout en votant la plus mauvaise ; royalistes à rebours qui, loin d'être plus royalistes que le roi, veulent être plus rois que le roi lui-même? En 1873, le plus remuant d'entre eux et le plus funeste, ne s'est-il pas vanté — une lettre authentique en fait foi (1), d'avoir fait prévaloir, dans le Comité qu'il présidait, des conditions telles que M. le comte de Chambord ne pouvait les accepter? La lettre du 27 octobre, si perfidement reprochée au prince, par ceux-là mêmes qui l'ont rendue nécessaire, fut la conséquence évidente de ces conditions draconiennes. Il est des âmes fières pour qui même une couronne n'est rien, s'il faut l'acheter à certain prix. Faites donc comprendre cela, en temps de République, cette foire ouverte à la cohue des ambitions !

Arrière, ces incorrigibles de 1830 ! Mieux vaut encore — le meilleur n'en vaut rien — la souveraineté du peuple sans un vain simulacre de monarchie. S'il y a là un souverain, souverainement inepte, sollicité, surexcité dans ses plus mauvais instincts, il n'y a pas du moins de royauté dérisoire, ni un roi nominal, condamné à la plus humiliante immobilité, sans le bénéfice équitable de l'irresponsabilité. Ce principe, garantie unique de la stabilité qui est la vie des nations, n'a jamais pu pénétrer dans des cerveaux,

---

(1) Extrait d'une lettre du très-regretté directeur général des ponts et chaussées, Ernest de Franqueville, publié dans le journal l'*Union*, le 10 août 1878.

ou la haine aveugle a remplacé le respect, affolées jusqu'à la fureur par l'esprit ou plutôt la sottise révolutionnaire. De là ces deux cataclysmes politiques : *1830* et *1848 !*

J'arrive enfin à un dernier argument — *the last not the least* — et je l'aborde avec tristesse :

L'homme le mieux doué n'est pas universel. Le commandement d'une armée et le gouvernement d'une nation exigent des aptitudes différentes, sinon incompatibles. Chez un chef d'État la clarté de vue est plus essentielle que le courage, parce qu'il est plus difficile de discerner le devoir que de l'accomplir.

Comment ne pas désespérer d'une cause quand elle est abandonnée, à l'étonnement universel, par l'homme providentiellement désigné, et choisi, entre tous, pour la faire triompher, le seul en France qui en eût le pouvoir ?

A la République, plus heureuse que sage, est échue cette fortune d'avoir à sa tête, après un politique illustre, un soldat non moins illustre. Depuis cinq ans, l'honorabilité du Maréchal la couvre et la protège comme un galant homme fait respecter, quelle qu'elle soit, la femme qu'il a à son bras. Inhérente à son titre officiel, cette protection serait injustement reprochée au Président, mais il est un regret dont le respect le plus sincère ne saurait arrêter l'expression.

Qui pouvait s'attendre à voir s'incliner devant un démagogue lui enjoignant de se soumettre, le héros de Malakoff, le vainqueur de Magenta, celui qu'une bouche auguste et généreuse a proclamé — trop tôt — le *Bayard moderne?* Je dis *trop tôt;* en effet, on se représente mal le chevalier « sans peur et sans reproche » rendant son épée (la valeureuse épée choisie par François 1er pour en recevoir l'accolade), à quelque Gambetta du XVme siècle ; car il y en a eu dans tous les temps, de ces aventuriers, de ces casse-cou politiques, et c'est la défaillance des Bayards qui fait l'audace des Gambettas.

Comme ces malades désespérés sur qui le praticien consciencieux est aussi impuissant que l'empirique, la France n'a pas moins à souffrir de l'honnêteté du maréchal de Mac Mahon que de la fourbe de M. Thiers ; que dis-je? elle en souffre davantage, car ce dernier avait de l'autorité un sentiment énergique qui l'aurait empêché de descendre à la situation que subit son successeur.

On assure que, lorsqu'il signe ces nombreux décrets qu'il réprouve, le président croit dégager sa responsabilité morale, en disant : « *Je m'en lave les mains.* » Ce serait de sa part une grosse erreur, l'erreur d'une conscience honnête, mais insuffisamment éclairée. Il est des taches indélébiles, indélébiles comme cette petite tache de sang sur la main de lady Macbeth, toute l'eau des mers ne les effacerait pas.

C'est une douleur, je le répète, de porter un jugement sévère sur un homme d'un passé glorieux, revêtu depuis cinq ans de la plus haute magistrature, et l'on voudrait s'inscrire en faux contre cette terrible sentence prononcée par le chancelier d'Aguesseau : « Le magistrat qui n'est « pas un héros n'est pas même un honnête « homme. » Admirable partout, ce n'est que sur le champ de bataille politique que l'héroïsme est chose rare et s'élève à la hauteur d'une vertu.

Va-t-on me dire que je fais appel à des coups d'État ? Non, je discute, comme c'est mon droit, ce qui est soumis à la discussion. Sans parler d'un vote douteux, une constitution révisable est absolument discutable. Il m'appartient de dire et je dis qu'il faut relever les cœurs et déplorer que les plus braves gens ne soient pas toujours les gens les plus braves; qu'une nation a le droit de vivre et le devoir d'arracher de son sein tous les germes de mort. Que parlez-vous de constitution? Étrange constitution vraiment, celle qui met la société et les organes indispensables à son exis-tence : la religion, la propriété, la famille à la merci de leurs pires ennemis (1) !

Je m'étonne que, du sein des victimes vouées d'avance à l'invalidation, il ne se soit pas élevé une voix courageuse pour infliger aux proscrip-teurs cette flétrissante vérité : « Il y a ici deux

---

(1) Dans les actes privés, les testaments, par exemple, les clau-ses immorales sont considérées comme non écrites. Le droit pu-blic n'admet pas cette exception, et, sans discuter la moralité d'une loi qui livre les destinées d'un pays à des incapables, par-fois à des indignes, je me borne à demander si cette loi est lo-gique ?

sortes d'élus, les élus du peuple et les élus, je ne dis pas de la populace, mais de cette multitude que M. Thiers a qualifiée. Ceux-ci, les plus nombreux naturellement, puisqu'ils sont le produit des foules, chassent de cette enceinte, au mépris de toute justice, les élus du peuple, du peuple digne de ce nom si effrontément exploité. Cette expulsion est un scandale. C'est la parole étouffée sous les cris sauvages; c'est la matière écrasant l'esprit; c'est le triomphe brutal de la quantité sur la qualité. Nous voudrions être plus modestes, mais ce serait à vous à nous en donner l'exemple, car, il n'y a rien dont vous ayez à vous enorgueillir dans cette victoire qui serait déshonorée, si elle pouvait l'être, par l'usage que vous en faites. Toute la gloire ici appartient aux vaincus : « *Gloria victis.* »

Le suffrage universel, « *voilà l'ennemi,* » non pas, comme le cléricalisme, un fantoche de fabrique jacobine, une tête de turc offerte aux poings grossiers de la canaille ; ce n'est pas une invisible abstraction; l'œil épouvanté le voit dans toute son horreur, ce monstre informe, aveugle, immense, qui va brandissant ses millions de bras contre l'ordre social abandonné. Qui l'arrêtera ? Dieu seul ou l'homme inspiré qui se fera le soldat de Dieu pour le salut de sa Patrie.

Contre tout ce qui attente à l'existence et à l'honneur d'un pays, toute revendication est permise. La France doit sortir des liens honteux qui l'enserrent. Si elle ne peut les dénouer qu'elle les brise. Honte aux aveugles qui ont laissé les ficelles révolutionnaires se condenser en nœud gordien ! Au nœud gordien il faut l'épée d'Alexandre. Gloire, gloire immortelle au héros qui ressaisira cette épée libératrice, car, en sauvant son pays, il sauvera la civilisation tout entière !

Un philosophe, un sceptique, Fontenelle, a dit : « Si j'avais la main pleine de vérités, je me garde- « rais bien de l'ouvrir. » Je ne saurais m'inspirer de cette maxime timide qui n'a que trop de pratiquants en ces temps énervés. Une vérité politique est une dette d'honneur envers une nation, une dette criarde qu'il faut acquitter à tout prix. Elle porte en elle une force d'expansion incompressible ; il faut qu'elle éclate, dût-elle briser la poitrine qui la renferme.

Cette lettre est bien longue. On trouvera peut-être que c'est là son moindre défaut ; mais, habitué à me rendre à tous les appels en faveur de la cause royale ou de la conservation sociale (c'est tout un), je n'ai pas pu excuser plus brièvement mon refus.

Agréez,

ACHILLE MORISSEAU.

Paris. — Imp. Dubuisson et Cⁱᵉ, rue Coq-Héron, 5.

Paris. — Imp. Dubuisson et Cᵃ, rue Coq-Héron, 5.

www.ingramcontent.com/pod-product-compliance
Lightning Source LLC
Chambersburg PA
CBHW061033090726
47597CB00014B/4198